Ln 14451.
27

# ÉLOGE DE GASPARD MONGE.

# ÉLOGE

## DE

# GASPARD MONGE,

**Par F. RAVAILHE,**

Principal du Collège de Beaune, officier de l'Université.

DISTRIBUTION DES PRIX DU 13 NOVEMBRE 1849.

Les destinées de l'humanité s'accompliront dans l'union intime de la science et de la vertu.

**BEAUNE,**
IMPRIMERIE DE BLONDEAU-DEJUSSIEU.

1849.

## À M^me Marey-Monge.

Madame,

Le Collége de Beaune vous doit un témoignage de sa gratitude, et pour le don si généreux de votre noble Mère, et pour la bonté affectueuse avec laquelle vous honorez et vous encouragez, tous les ans, le jeune lauréat qui reçoit le PRIX MONGE des mains de vos dignes Fils. Notre cœur n'a rien trouvé qui vous fût plus agréable et plus précieux que le récit de la vie de votre glorieux père. Je vous l'offre avec une heureuse confiance; votre piété filiale s'attachera moins au peu de mérite de ce faible ouvrage qu'à la pureté du sentiment qui me l'a dicté.

Agréez, je vous prie,

Madame,

l'hommage de mon profond respect,

F. Ravailhe.

# ÉLOGE DE GASPARD MONGE.

> Les destinées de l'humanité s'accompliront dans l'union intime de la science et de la vertu.

MESSIEURS,

La science qui proscrit la morale n'est qu'un sophisme qui dégrade l'homme et rabaisse la hauteur de sa destinée. La morale qui proscrirait la science ne serait que l'aveugle fanatisme du calife Omar, également ennemi de la liberté humaine, et du plan supérieur qui se développe dans la création, sous le regard infaillible de la pensée éternelle.

J'ai eu l'honneur de vous exposer deux fois, avec quelques développements, les conditions de leur alliance légitime, qui doit être, aujourd'hui surtout, le principe et la fin de l'éducation domestique et sociale ; car, Messieurs, la pure lumière de la science, unie à la sainteté de la morale chrétienne, peut seule éclairer les passions, régulariser les extravagances du monde, et l'affermir dans le droit, la justice, la bienveillance fraternelle. J'aurais voulu descendre aujourd'hui de ces hautes généralités, et vous faire connaître l'application que nous en avons faite aux pratiques journalières de notre modeste école ; j'aurais voulu vous parler quelques instants ici, pour ainsi dire en famille, avec toute la simplicité du cœur, de nos réformes, des améliorations que nous avons graduellement conquises, de la douce puissance de notre discipline, de la patience intelligente de nos études, de l'humble élévation de notre moralité, enfin, des espérances légitimes que nous font concevoir pour l'avenir ces premiers succès de notre vigilance et de nos travaux.

Cette matière n'aurait peut-être manqué ni d'importance, ni d'à-propos ; mais, outre qu'elle pourrait sembler à quelques esprits nous être purement personnelle, elle doit faire place aujourd'hui à un besoin de notre cœur, à un devoir à la fois de justice et de reconnaissance.

Aussi bien, Messieurs, vous faire l'éloge de Gaspard Monge, votre compatriote, illustre par la noble simplicité de ses vertus, non moins que par la puissance et la pénétration de son génie, ce sera, sous la forme plus agréable et plus touchante de l'histoire, continuer le sujet dont j'ai eu l'honneur de vous entretenir dans nos solennités précédentes. Nous passerons ainsi de la spéculation à la pratique, de la théorie à l'exemple. Nous savons quelle force peuvent se donner mutuellement la science et la vertu pour l'éducation des hommes ; je me propose de vous faire voir l'une et l'autre unies et pratiquées dans la vie de Gaspard Monge. Vous reconnaîtrez dans le grand homme dont nous sommes si justement fiers, l'application des préceptes que je vous ai exposés. Ce sera un sujet de noble émulation pour les élèves, un modèle incomparable pour les professeurs ; et, pour tout le monde, Messieurs, un exemple de bon travail, de douceur, de calme, de modestie, de noble désintéressement, de dévouement sans réserve, dans la vie privée comme sur le théâtre social et politique du monde. Sans doute, je sens bien que faire l'éloge de Monge après les voix éloquentes que vous avez entendues naguère, c'est avoir un peu trop d'audace et de témérité ; mais c'est ici l'audace du cœur : c'est la témérité de la reconnaissance ; et d'ailleurs, Messieurs, on se plaît toujours à s'entendre raconter ses titres de gloire, et la vie, surtout illustre, de ceux que l'on aime. Je n'ai pas besoin d'autre excuse.

La fausse grandeur humaine, celle qui est fille de la vanité, de l'ambition orgueilleuse, a besoin de tout l'artifice, de toutes les pompes fastueuses de l'éloquence pour cacher sa misère, et la revêtir d'un air emprunté de noblesse ou de dignité. Pour traiter mon sujet convenablement, je n'ai pas eu, Messieurs, à faire de grandes méditations, ni à rechercher de vains artifices de langage. Je vous raconterai avec simplicité la vie de notre grand homme. Ses vertus et ses travaux, exposés avec cette vérité naïve qui était le fonds du caractère de Monge, prêteront à mes paroles l'intérêt, le charme, l'entraînement de leur éloquence irrésistible, et vous resterez naturellement pénétrés des sentiments dont je suis profondément pénétré moi-même; vous admirerez l'homme de génie, et vous aimerez l'homme de bien.

Aussi, Messieurs, ne vous parlerai-je ni de ses titres ni de ses dignités. Je ne vous dirai pas que Monge fut grand-officier de la Légion-d'Honneur, chevalier de l'ordre de la Couronne-de-Fer, grand-croix de l'ordre de la Réunion; je ne vous parlerai de lui ni comme comte ni comme sénateur : ce ne serait pas de fort bon goût sous des institutions républicaines; et, d'ailleurs, cet éclat qui éblouit le vulgaire et lui déguise trop souvent la nullité ou la honte qui ne s'est élevée que par la basse intrigue des hautes antichambres, altérerait ici l'éclat et nous voilerait trop le mérite et la pureté de la véritable grandeur. Je dépouillerai Monge de ce brillant manteau qui pourrait nous le dérober; je vous le montrerai à nu avec la noble simplicité de son esprit et de son cœur. C'est vous dire, Messieurs, que je vous parlerai seulement de son génie et de ses travaux, de ses vertus et de ses belles et bonnes actions, qui l'ont toujours conservé le digne fils de son honnête père : et vous reconnaîtrez avec moi, je l'espère, Messieurs, que, malgré l'orgueil et la corruption, naturellement associés à la magnificence des récompenses humaines, Monge s'est toujours tenu sans effort au-dessus de ces récompenses qui, lorsqu'elles sont méritées, honorent plus celui qui les donne que celui qui les reçoit.

La Providence, qui devait le faire servir un jour à l'intérêt et à la gloire de la patrie, fit naître Gaspard Monge d'un de ces hommes du peuple qui, dans leur obscurité, joignent à l'intégrité du caractère la justesse de l'intelligence et la délicatesse du cœur. Noble origine, Messieurs, que Monge devait un jour illustrer par son génie, et que Napoléon devait revêtir de la forme pompeuse des dignités humaines, mais sans rien ajouter à sa valeur primitive, ni à sa pureté morale.

Gaspard Monge naquit à Beaune le 10 mai 1746, dans une maison de la rue Couverte, aujourd'hui rue Monge. Vous pouvez tous les jours, mes chers Élèves, saluer son humble berceau, devant lequel le savant Lalande s'est incliné, plein d'admiration et d'enthousiasme. Le souvenir d'un grand homme inspire à l'ame de salutaires pensées et au cœur de nobles sentiments, de généreuses résolutions, surtout lorsque sa grandeur lui vient à la fois du génie et de la vertu.

Les grands hommes tiennent leur supériorité du Ciel, de la famille, de l'école. Le Ciel en pose le principe, les fondements, les circonstances favorables. La famille et l'école développent le premier travail de la nature. L'honnêteté du foyer domestique, la rectitude d'esprit qui le gouverne, ses habitudes d'ordre, de décence, de bonne foi, pour tout dire, la sérénité de son atmosphère donne et entretient la santé, la pureté de l'ame. L'école, avec son inflexibilité, régularise, étend, fortifie les premiers instincts de l'homme et l'éducation de famille. Malheur à la maison qui se nourrit dans la mollesse ou dans l'orgueil! Là, le bon naturel s'altère et se déprave; les plus grands efforts de l'école deviennent impuissants; et, plus tard, le monde n'a pour le jeune homme que le lit honteux de la stérile et funeste oisiveté, ou le triste théâtre des vices qui déshonorent. Laissez, nous le voulons bien, laissez aux enfants l'abandon naïf de leurs pensées et de leurs actions; mais surveillez avec sollicitude ce premier usage de la liberté morale, et dirigez-la sans faiblesse comme sans dureté vers tout ce qui est beau, juste, honnête.

Telle fut, Messieurs, l'éducation intelligente dont Jacques Monge nourrit ses enfants. Elle fut aussi éloignée de l'excessive sévérité de nos pères que de la coupable tolérance de l'éducation domestique de notre siècle.

Aussi, Gaspard Monge fut-il un élève doux, studieux, moral sans âpreté, pieux sans fanatisme, supérieur à ses camarades sans orgueil; il eut un cœur généreux, et, avec une imagination ardente, un sens droit, une conduite irréprochable. Il n'allait pas se dépraver dans les lieux publics; il vivait dans le silence de la retraite et de l'étude, et, lorsqu'à cause du bruit des affaires domestiques, il ne trouvait pas sous le toit de son père le calme profond que demande la pénible et lente acquisition de la science, il allait étudier avec ses frères dans quelque coin solitaire des promenades publiques. Touchante fraternité, mes chers Elèves ! réunions fécondes, où le jeune Gaspard servait à ses frères à la fois de modèle et de sage mentor !

Monge laissait alors entrevoir, Messieurs, ce qu'il pourrait être un jour. A quatorze ans, encore élève, il fit sans modèle, et par les seules révélations de sa précoce intelligence, une pompe à incendie qui élevait l'eau à cinquante pieds. Tous les ans il était des premiers dont les fronts recevaient, dans cette même enceinte, la couronne du jeune mérite. Le directeur du collége de Beaune, voulant apprécier l'heureuse réunion de ses qualités du cœur et de l'esprit, lui avait donné le surnom de *puer aureus*, l'enfant d'or. C'est ainsi que notre jeune Monge fondait son avenir glorieux. Car, mes chers Elèves, votre avenir, l'honneur des familles, la gloire de la patrie, sont la conséquence providentielle des premiers travaux et des habitudes morales de l'enfance et de la jeunesse. C'est ainsi qu'il faisait ses premiers pas vers ses hautes destinées, sous la sage discipline du collége de Beaune, et sous la vertueuse surveillance de son honorable père, auquel sa piété filiale a toujours rendu le culte de la plus profonde reconnaissance et de la plus respectueuse vénération.

A peine il sortait de ses méditations de l'école, que les qualités excellentes de son esprit et de son cœur le firent demander par les Oratoriens de Lyon comme professeur de physique et de mathématiques. « Il entra, dit Berthollet, dans l'enseignement des sciences à un âge où, dans le cours ordinaire de la vie, on commence à s'en occuper. » Il avait alors seize ans. Son père, qui l'avait cultivé avec tant de sollicitude, l'embrasse à son départ, les yeux remplis de larmes, et lui dit ces paroles simples et d'un si grand sens : « Mon fils, rappelle-toi qu'en toute circonstance tu dois le respect à tes supérieurs et l'exemple à tes inférieurs. » Ce fut là son dernier conseil, sa dernière et sa plus haute formule de l'éducation de son fils; elle résumait tous les devoirs sociaux.

A Lyon, Monge commença de faire paraître, unie à la sévère, mais affectueuse moralité de l'homme de bien, la gravité simple d'un savant. Il y professa, pendant une année, avec cette précision, cette clarté, cette alliance originale de l'imagination et de la raison, qui rendit plus tard son enseignement si remarquable. Il vint passer le temps des vacances à Beaune, au sein de sa famille, auprès de son père, qui l'avait si bien cultivé durant le cours de ses premières années. Ce temps de loisir, mes chers Elèves, vous le passez dans le repos, dans les délassements, trop souvent aussi dans les plaisirs infructueux d'une folle dissipation. Monge le passa tout entier à l'étude et au travail : il fit le plan de Beaune. A Dieu ne plaise que je vienne troubler aujourd'hui vos doux rêves et l'image charmante de vos plaisirs innocents! Mais, je vous répéterai ce que vos maîtres vous ont dit tant de fois, que s'il faut à l'homme des plaisirs qui délassent et fortifient les organes du corps, il a surtout besoin de ces vigoureux et nobles exercices qui nourrissent et fortifient l'esprit et le cœur. Et d'ailleurs, croyez-moi, mes jeunes amis, le travail de l'intelligence, les œuvres morales ont bien aussi leur charme et leur volupté. Elles éclairent, elles affranchissent, elles ennoblissent l'âme, et l'élèvent progressivement au bonheur du mérite qui ne peut se trouver, avec toute sa pureté, que dans l'union intime de la science et de la vertu. Tous les plaisirs dont votre cœur vient peut-être de s'enivrer, dans ces derniers temps de repos, ne sont pas comparables au bonheur qu'éprouva le cœur du jeune Monge, lorsqu'il eut fini son travail remarquable, et qu'il le présenta aux yeux attendris de son père. Cet ouvrage, Messieurs, fixa l'attention des connaisseurs. Un parent de M. de Vignan, directeur alors de l'Ecole du génie de Mézières, lui demanda une place pour le jeune Monge. Elle fut accordée, et Jacques Monge fit encore avec joie pour son fils cette nouvelle dépense, qui cependant était un peu onéreuse pour sa modeste fortune.

A Mézières, Monge est répétiteur de mathématiques en 1766, et professeur de physique en 1775. Là, ses connaissances deviennent plus étendues et plus profondes; son génie se développe; l'aiglon déploie ses ailes; il prend son essor; il plane dans les hauteurs; il découvre de nouvelles régions scientifiques. Les heures que Monge ne consacre pas au professorat, il les consacre à l'étude; il parcourt les pays environnants, il observe, il approfondit. Inscriptions, monuments, fabriques, usines, rien n'échappe à ses infatigables investigations. Il considère surtout la science dans ses applications à la vie humaine. Quelquefois il fait ses excursions, accompagné d'un auditoire nombreux qui reçoit avec avidité les communications de son génie. Sa doctrine est si vraie, son enthousiasme si pénétrant, sa parole si entraînante, le charme de son enseignement si puissant, qu'on s'identifie tout entier avec sa pensée. L'auditoire oublie tout ce qui l'entoure, jusqu'au sol qu'il foule à ses pieds. On l'a vu traverser un large courant d'eau, sans perdre une seule parole du maître (1). C'est à l'antique, Messieurs; tels étaient les

---

(1) M. Goujon, qui était un de ses auditeurs, s'exprime ainsi : « Quelquefois, dans les excursions qu'il faisait faire à ses élèves, il leur communiquait son enthousiasme, et il est arrivé souvent que, pour ga-

entretiens d'Aristote, de Platon, de Socrate, de Pythagore, dans les anciennes écoles de la Grèce. Et le maître qui, dans les champs de Mézières, suspendait ainsi son auditoire à ses lèvres, n'avait alors que vingt ans. Entendez-vous, jeunes Élèves, il n'avait que vingt ans. Mais il avait déjà consacré aux travaux scientifiques tous ces beaux jours de jeunesse, de force, d'activité, de puissance, que la foule vulgaire des hommes consacre aux jeux, à la chasse, aux divertissements du corps, aux étourdissements du plaisir, à l'ivresse de la volupté. Seul à Mézières, sans relation avec les têtes savantes de son temps, par la force et la pénétration de son intelligence, Monge fait d'importantes découvertes en physique, en mathématiques. Son génie se révèle à lui-même une science nouvelle; il crée la géométrie descriptive. L'ignorance, les préjugés, la routine, qui retarde la marche progressive des siècles, est d'abord un obstacle à la propagation des lumières de sa puissante intelligence. Mais les préjugés sont vaincus, le génie triomphe, les arts et l'industrie proclament leur reconnaissance éternelle.

Ainsi, jeune encore, Monge prend son rang parmi les savants de l'Europe. Bientôt il est appelé dans le sanctuaire de la science; nommé en 1780 professeur d'hydrographie au Louvre, il devient l'un des membres les plus célèbres de l'Institut, dont il soutiendra la haute renommée avec tant d'éclat dans la postérité. En 1783, il succède à Bezout comme examinateur des gardes-pavillons de la marine.

Monge vivait en paix au milieu de ses glorieux travaux, dans le calme et la sérénité de son âme; et cependant le sol de la France tremblait; un ébranlement général se faisait déjà sentir; les esprits clairvoyants prédisaient jusqu'à l'heure, pour ainsi dire, du boulever-

gner plus tôt quelque usine, sans aller chercher des routes et des ponts, Monge, continuant ses explications, s'avançait à travers un large ruisseau, le passait à gué sans s'interrompre, sans que les jeunes gens cessassent de se presser autour de lui, tant était grande la puissance qu'il exerçait sur leur esprit. »

sement. Arriva 1792. L'Europe coalisée s'unit et s'arma contre nous. Le Gouvernement comprit ce que les gouvernements ne devraient jamais oublier, qu'au bout de tout compte, c'est la science vertueuse qui fait la force des États, qui vivifie le commerce et l'industrie, qui épure la politique, la morale, la religion, qui donne le calme de l'intelligence au courage des défenseurs de la patrie. Lorsque la violence aveugle se mêle des affaires du monde, elle s'attaque à tout, elle bouleverse tout ; elle détruirait la société tout entière. La science ramène à l'ordre, à la paix, à la liberté dans le devoir. L'histoire de toutes les révolutions humaines confirme partout cette vérité. L'harmonie de la société, comme celle de l'univers, est fille de la science. Qu'aurait fait alors la violence aveugle en présence de l'invasion étrangère ? Elle aurait été impuissante, et la France était perdue. Mais la science nous sauva la patrie. Avec une activité prodigieuse, une rapidité incomparable, un succès presque surhumain, fut fabriqué, sous la direction de quelques savants, tout ce qui manquait pour notre défense et notre salut. Les fonderies et les foreries de canon, les raffineries de salpêtre, les fabriques de poudre, d'acier et d'armes ; tous ces ateliers, créés comme par enchantement, versaient et répandaient leurs produits avec une abondance jusqu'alors inouïe. « Monge, rapporte un témoin oculaire (1), dominait, entraînait tous ses collègues par son exemple, par l'ascendant de son enthousiasme et la vivacité de son caractère. Il n'avait de repos ni jour ni nuit. Ce qu'il a fait alors dépasse ce que pourrait se figurer l'imagination. » Et, Messieurs, malgré la médiocrité de sa fortune, Monge se livrait à tous ces travaux, à toutes ces fatigues avec un entier désintéressement. C'est qu'il portait la science dans la tête, et la patrie dans le cœur.

Cependant éclatent ces orages terribles, ces tempêtes que l'égoïsme et la violence des autres passions dépravées rendirent si désastreuses. On vit alors les plus fortes têtes

(1) Jomard.

s'ébranler, les cœurs les plus vertueux faiblir; les principes fondamentaux de la morale, de la religion, de l'ordre social, furent oubliés ou confondus. Sur les restes inanimés de l'ancienne foi, qui s'était corrompue dans l'arbitraire et la mollesse, le chaos sembla se faire pour le monde moral. Car, Messieurs, telle est la loi que la Providence a imposée au progrès de l'ordre, du bien. Dieu a dit aussi à la vertu de l'homme : Tu enfanteras dans la douleur.

C'est avec l'enthousiasme qui lui était naturel que Monge avait salué l'espérance d'un nouveau progrès vers la liberté. Et cependant, au sein de cette commotion violente, de cette agitation universelle, où l'on vit s'altérer les intelligences et les caractères, il conserva toujours tout le calme de son esprit, toute la bonté de son ame, toute la générosité, tout le dévouement de son cœur. Il ne cessa de vouloir, non le triomphe d'un parti, mais le bien de la France. Pendant qu'il était ministre, un décret de la Convention prescrivait des épurations : Monge rassure et conserve ceux qui se trouvent compromis; il favorise ceux dont les talents peuvent être utiles, sans distinction d'opinions; il nomme inspecteur général de la marine le vicomte Dubouchage, son prédécesseur; il presse le chevalier de Borda de continuer de servir; il l'obtient, et regarde ce succès comme une victoire; de jeunes officiers de la marine veulent émigrer, Monge les retient, et leur donne des missions lointaines, où ils restent à l'abri pendant la tempête révolutionnaire; le chevalier de Grimoard reste trois mois auprès de lui, à l'hôtel de la Marine. Malheureux de n'avoir pas cédé aux pressantes sollicitations de Monge, qui était devenu son ami! il ne serait pas allé porter sa tête à l'échafaud de Rochefort! Ces exemples de modération, de sagesse, de générosité sont rares, Messieurs, au sein des fureurs révolutionnaires. Ils supposent toujours un esprit élevé, un cœur magnanime.

Le génie de Monge ne resta pas long-temps au ministère; il se plaisait sur les hauteurs de la science plutôt que dans les détails si embarrassés, si incertains des affaires administratives. Ces détails peuvent convenir à l'activité de l'homme habile, rarement à la puissance du génie, qui s'y trouve à l'étroit. Après avoir honoré le ministère, il en sortit plus pauvre qu'il n'y était entré; il y laissait, avec le souvenir de ses bons services, l'exemple de sa modération, de sa probité, de son désintéressement, de la noblesse de son caractère. Il reprit ses travaux chéris du professorat.

« On ouvrit, raconte Brisson, principalement par les soins de Monge, une Ecole normale, dans laquelle les savants les plus illustres donnèrent, sur les branches principales des connaissances humaines, des leçons propres à former d'habiles professeurs. Monge y fit un cours de géométrie descriptive. Ce fut la première fois que cette science si utile aux arts, sortit de l'obscurité, où elle était née, pour être publiquement démontrée. L'Ecole normale n'eut que quelques mois d'existence; mais elle fit renaître sur un sol ravagé la culture des lettres et des sciences. »

A cette époque Monge conçut aussi l'idée de l'Ecole polytechnique; il en devint le fondateur. C'est en vain que, long-temps après, l'envie et l'esprit de parti ont tenté de lui en contester la gloire. « Sous l'Empire et sous la Restauration, personne, dit Vallée, ne doutait que Monge ne fût le créateur de l'Ecole polytechnique. » — Monge, dit Brisson, est un de nos plus grands géomètres et le fondateur de l'Ecole polytechnique. — C'est à ses soins, dit Berthollet, qui le savait bien, c'est à ses ouvrages, à son patriotisme, que l'on doit surtout cette Ecole polytechnique qui est devenue un modèle que l'on s'empresse partout d'imiter, et à laquelle on doit tant d'hommes qui honorent les sciences et notre patrie. — A ces témoignages, suffisants sans doute, pourraient s'ajouter ceux de Gourgaud, de Jomard et d'un grand nombre d'autres savants distingués. Mais qu'est-il besoin d'insister sur un fait, depuis son origine acquis à l'histoire, en l'honneur de l'illustre enfant de Beaune.

Je voudrais, Messieurs, avoir été l'élève de ce grand maître, pour vous parler, d'après mes fidèles souvenirs, de la clarté, de la précision, de la logique invincible de son enseignement, surtout de sa bonté touchante pour ses élèves. Permettez-moi d'emprunter ici le témoignage et les paroles de ses illustres disciples :

« D'après des examens, dit l'un d'eux, nous fûmes choisis quatre cents, et appelés à Paris de tous les points de la France. Cinquante furent réunis pour servir de guides à leurs camarades. C'est à cette première réunion que nous commençâmes à connaître cet homme si bon, si attaché à la jeunesse, si dévoué à la propagation des sciences. Presque toujours au milieu de nous, aux leçons de géométrie, d'analyse, de physique, il faisait succéder des entretiens particuliers, où il y avait plus à gagner encore. Il devenait l'ami de chacun de nous, s'associait aux efforts qu'il provoquait sans cesse, et applaudissait avec toute la vivacité de son caractère aux succès de la jeune intelligence de ses élèves.

« L'Ecole polytechnique s'ouvrit enfin ; il avait refusé d'en être le directeur en titre, quoique au fait tout se fît par ses conseils et son impulsion. Plusieurs cours à la fois sur l'analyse, la géométrie et la physique ne l'empêchaient pas de venir dans nos salles d'études lever nos difficultés, causer de science avec nous, et lorsque, le soir, il regagnait sa demeure, une foule d'élèves l'accompagnaient jusqu'à sa porte, pour profiter encore de son entretien. Aucun ne professait aussi bien que lui ; ses gestes, sa pose, les tons variés de sa voix, tout lui servait à développer ses pensées, et ajoutait à ses expressions. L'œil toujours fixé sur les yeux de ses auditeurs, il savait deviner le degré où en était l'intelligence de chacun d'eux. Il recommençait sa démonstration, variait ses tours, et ne passait jamais à la seconde partie d'un raisonnement que la première ne fût généralement comprise. C'est ainsi, qu'en peu de temps, il nous donna une foule d'idées nouvelles, qu'il mit à notre portée des recherches regardées comme difficiles par d'habiles géomètres eux-mêmes. Et comment ne nous aurait-il pas électrisés ? Ce qu'il nous enseignait, c'était presque toujours lui qui l'avait découvert, et il joignait la chaleur de l'inventeur à tout le zèle, à toute la patience d'un père. »

— Je ne résiste pas, Messieurs, au plaisir de joindre à ce témoignage de Brisson un morceau éloquent que je trouve dans un manuscrit de Jomard, qui fait une peinture si expressive du talent supérieur de son maître, dans le professorat :

« C'est ici, dit-il, que va paraître le talent naturel de Monge dans tout son éclat. Le théâtre était nouveau pour lui comme pour tous les autres professeurs. Il leur fallait saisir et fixer l'attention de tous ces jeunes gens d'inégale force; il s'agissait de leur révéler les faits de la physique générale et ceux de la chimie pneumatique, science alors nouvelle; de les initier aux mathématiques spéciales et appliquées, pour les conduire aux mathématiques transcendantes; de leur enseigner une géométrie toute neuve, la géométrie descriptive, et d'y appliquer l'analyse pour la première fois. Qui n'a pas connu alors ce vaste amphithéâtre semi-circulaire du Palais-Bourbon, dont le cercle inférieur était occupé par des notabilités scientifiques; qui n'a pas été témoin de l'attention avide de ces quatre cents auditeurs, le regard fixé sur le professeur, et l'oreille, pour ainsi dire, suspendue à ses lèvres; qui n'a pas vu ce spectacle frappant, ne s'en fera jamais une idée complète. Dans ce silence profond, l'on eût entendu le vol d'une mouche, mais surtout quand c'était Monge ou Fourcroi qui parlait. La géométrie à trois dimensions était l'objet des leçons de Monge; il lui fallait montrer les corps dans l'espace, avec leurs formes, leur grandeur, leurs inflexions, leurs pénétrations diverses. Monge ne les faisait pas voir seulement avec la parole et le geste, il les faisait toucher, pour ainsi dire, par les doigts à ses auditeurs, tant il y avait d'harmonie entre les mots qui sortaient de sa bouche et les mouvements qu'il imprimait à ses mains, et jusqu'à l'attitude qu'il faisait prendre à toute sa personne. Alors, quel feu dans ses yeux! quel éclat dans sa voix! quelle variété dans ses intonations! Ses traits, un peu irréguliers, s'animaient jusqu'à changer sa physionomie. Tant de moyens combinés donnaient de chaque chose une expression complète, s'adressant à trois sens à la fois, en même temps qu'à l'esprit et à l'intelligence. Quand il décrivait de la parole, et dessinait de ses mains une surface développable, on la développait avec lui ; une surface de révolution, on la voyait ; une surface gauche ou toute autre surface à double courbure, il l'engendrait avec son geste éloquent de manière à la faire sentir et percevoir. Les abstractions prenaient un corps avec lui. Il avait l'art de rendre simples les choses les plus compliquées, et claires, les plus obscures, à force de les présenter sous plusieurs faces différentes. Il avait une telle présence d'esprit, au milieu de son enthousiasme, qu'il discernait avec son œil de lynx, dans le vaste auditoire, si quelqu'un paraissait hésiter à comprendre, et, de là, de nouvelles formes dans son langage, qui n'étaient pourtant ni redites ni répétitions. La chaleur de son débit et les gestes dont il l'animait lui donnaient une éloquence toute particulière, et une force d'enseignement, de persuasion, que nul professeur, peut-être, n'a poussées aussi loin. Personne au moins n'a mieux su parler à l'imagination, en exposant des vérités abstraites comme celles de la géométrie. Son mode d'enseignement était neuf comme la science qu'il enseignait. »

Nous sommes ici, Messieurs, dans les années 1794 et et 1795. C'est à cette époque, la deuxième année de l'Ecole polytechnique, que Monge connut pour la première fois le jeune général Bonaparte, alors destitué et sans emploi. Il le revit à la journée du 13 vendémiaire, qui fut l'origine de la fortune de Napoléon. De là date aussi la liaison de ces deux grands hommes, et du culte presque idolâtre de Monge pour le génie de Napoléon. Cependant, Messieurs, il alliait ce culte avec la dignité d'une noble indépendance. Cette noblesse de caractère, unie à la vive simplicité de son esprit et de son cœur, plaisait singulièrement à Bonaparte. Monge était le savant qu'il estimait et qu'il aimait le plus. Aussi écrivit-il, en l'envoyant au Directoire avec le traité de Campo-Formio :

« Si j'en connaissais un plus vertueux, je vous l'aurais envoyé. »

Le 19 mai 1798, Bonaparte part pour l'Egypte. D'abord il choisit Monge qui, plein d'enthousiasme, part avec lui, sans songer aux hasards d'une navigation lointaine, ni aux périls qu'il va affronter dans un climat inaccoutumé, sur cette terre étrangère. L'amour de la science, l'instinct, le besoin de son génie parle à son ame plus haut que le danger. Bonaparte va gagner des batailles; Monge va faire sur le sol de l'Egypte des conquêtes qui auront aussi leur valeur pour la gloire de la France et le bien de l'humanité. Cependant « au siége de Malte, comme plus tard à l'attaque d'Alexandrie, Monge voulait payer de sa personne: on eut peine à contenir son ardeur (1) ». Il descend un des premiers sur la terre d'Egypte. A peine il en a touché le sol, qu'il porte de tous côtés son attention pénétrante. Il approfondit tout ce qui se présente à son infatigable regard. A la bataille des Pyramides, il court et il soutient les plus grands dangers avec la plus grande intrépidité. Après la bataille, il contribue à recueillir tant d'objets si précieux à l'histoire et à la science. Il protège le savant anglais Hornemann, et le sauve de la prison ou de la mort. A la révolte du Caire, il montre, avec son grand amour de la science, toute l'intrépidité du courage, toute la sévérité et tout le calme d'un sage. Il voit ses compagnons faiblir devant le nombre, près de céder et de précipiter leur fuite. « Monge, dit Jomard, redoublant alors d'énergie, se met en travers ; il demande aux plus résolus s'ils oseront abandonner les instruments des sciences confiés à notre garde. — *Vous ne serez pas sortis, que les révoltés feront irruption ici, et mettront tout en pièces.* — Nous restâmes. Monge se multipliait; il était partout à la fois. Sa fermeté, sa présence d'esprit, sa prudence nous ont sauvés. Pour connaître la force de caractère de Monge, il faudrait l'avoir vu dans ces deux terribles journées. »

(1) Jomard, qui faisait aussi partie de l'expédition.

Commissaire près du divan général, président de l'Institut d'Égypte, membre de toutes les commissions scientifiques, jamais il ne ralentit son intelligente activité. Sans cesse il observe, il étudie, il découvre, il écrit, il enseigne. Ici il explique avec sa profonde pénétration et sa logique inflexible le phénomène du mirage; là il fait part de savantes observations sur les phénomènes de la capillarité et sur la déclinaison de l'aiguille aimantée. Il passe en Asie, de l'autre côté du golfe de Suez, et va visiter les sources de Moïse, qui lui fournissent le sujet d'un curieux Mémoire scientifique; il s'extasie à la vue du papyrus apporté par Denon, et devant ses peintures des tombeaux des rois, et ses dessins du zodiaque de Denderah, et des monuments de Thèbes et de Philoë. Il se fait raconter les énormes dimensions des colosses de Thèbes et des obélisques; il en calcule le poids, les instruments et la force nécessaires à leur transport et à leur érection. Il recherche les anciens canaux qui ont uni le Nil à la mer Rouge; il visite les lagunes qui forment l'extrémité septentrionale de cette mer; il trouve sur les indications des historiens de la Grèce une foule de lieux célèbres dans l'antiquité la plus reculée. Il tombe malade; il est sauvé par la tendresse soucieuse de Bonaparte, par les soins affectueux de ses amis, par le dévouement incomparable de Berthollet, qui s'établit dans sa tente, et ne quitte le chevet de son lit que lorsqu'il l'a arraché à la mort. Monge suit l'armée en Syrie; il va explorer ce pays, plus célèbre encore que l'Égypte par l'influence qu'il a eue sur les destinées du monde. En un mot, il se trouve partout, il est le centre, l'âme de tous les travaux; il les éclaire, il les dirige par les hautes lumières de son génie, mêlant toujours la bonté la plus touchante au zèle le plus ardent pour le progrès des sciences et la gloire de sa patrie.

Quelle douleur il éprouva lorsqu'il dut quitter ses amis et ce théâtre si fécond de ses explorations scientifiques! Son regret fut immense. Avant son départ, il s'écria, en parlant à ceux qui étaient désignés pour aller au Saïd : « Que vous êtes heureux, mes amis! Vous allez voir Thèbes. » Paroles simples, mais sublimes d'amour pour la science. Quand il fit ses adieux, il semblait n'avoir plus la tête à lui ; et cependant il repartait avec le héros qu'il adorait ; il retournait dans sa famille et dans sa patrie, qu'il avait toujours tant aimées.

Après avoir été associé aux travaux et aux périls de Bonaparte, Monge arrive à Paris, associé à sa gloire, je pourrais presque dire à sa puissance, tant il y avait d'intimité entre ces deux grands hommes. Et pourtant, Messieurs, « pendant que tant d'autres sollicitaient avec instances et avec de grandes assurances de dévouement à la famille de Bonaparte, Monge ne sollicitait pas, et laissait à la libre volonté du pouvoir le soin de le comprendre dans cette vaste distribution des fonctions publiques. » (Thiers). En effet, Messieurs, que d'encens fut brûlé alors aux pieds du héros de l'Italie et des Pyramides ! Que de louanges intéressées ! Que de basses flatteries ! Le dévouement est plus naturel, plus simple, plus indépendant, plus noble. Monge était l'ami de Bonaparte ; il adora Napoléon, il ne le flatta jamais ; plusieurs fois il lui résista. Il pouvait, sans démonstrations serviles, tout demander : honneurs, dignités, fortune ; il ne demanda rien. Il refusa souvent pour lui et pour les siens. Il resta toujours supérieur à ces distinctions extérieures qui éblouissent, enorgueillissent, subjuguent les hommes. « Napoléon ne lui fit accepter qu'avec peine, dit Brisson, les largesses dont il voulait le combler. » S'il reçut des titres et des dignités du puissant génie qui l'estimait et le chérissait d'une affection toute particulière, il n'en conserva pas moins la simplicité, l'indépendance, toute la pureté de son noble caractère. Le titre dont il s'honorait le plus était celui de membre de l'Institut, et les fonctions qu'il aimait le plus et auxquelles il se livrait toujours avec un saint enthousiasme, étaient, mes chers Collègues, celles du professorat. C'est que Monge, avec la justesse et l'élévation de vue qui lui était propre, considérait le professorat comme les plus hautes fonctions humaines, destinées dans l'économie morale à délivrer l'homme de l'ignorance et de l'erreur, à le développer dans la science, à le perfectionner dans le bien, à l'élever à la puissance, à l'ordre, à la liberté; à lui donner, enfin, la noblesse et la dignité de la vérité et de la vertu. Sublimes fonctions, mes chers Collègues, dont la mission providentielle est de moraliser les hommes, d'éteindre le feu des discordes, et de faire arriver le monde à l'intelligence, à l'amour, à la pratique du bien.

Monge fut heureux de revoir l'Ecole polytechnique. Il voulut y reprendre les fonctions de professeur. « Son nom et son activité ranimaient dans ses élèves l'ardeur de l'étude; ils voyaient avec une joie respectueuse le créateur de l'Ecole venir se livrer encore à leur instruction, et un autre motif ajoutait à leur vénération pour lui. Ils savaient que le traitement affecté aux soins qu'il se donnait pour eux était entièrement consacré à soutenir à l'Ecole ceux d'entr'eux-mêmes qui étaient les plus dénués de fortune. Lorsqu'en 1810, l'âge et les suites d'une longue et douloureuse maladie le forcèrent de quitter le professorat, la pension qui lui fut allouée reçut, jusqu'en 1816, époque de sa suppression, ce noble et touchant emploi. » (Brisson, *Notice historique*.)

Mais déjà l'Empire est tombé; la puissance du génie et de la gloire de Napoléon n'illustrera plus la France que dans l'histoire. Les grands hommes qu'il a élevés autour de lui sont ingrats ou persécutés. Cependant, en lisant les noms des signataires de sa déchéance: — Monge, s'écrie-t-il, j'étais sûr que Monge ne signerait pas. — Et, Messieurs, le fidèle Monge, le créateur de la géométrie descriptive, le fondateur de l'Ecole polytechnique, le savant qui avait rendu tant de services à la France, est persécuté à l'âge de soixante-neuf ans. O stupidité! ô honte des passions humaines! Il fut arraché du fauteuil inamovible d'académicien, lui presque le doyen, et, sans contredit, l'une des gloires les plus pures de l'Académie des Sciences et de l'Institut. Sa tombe fut outragée; sa mémoire, insultée par la calomnie! Mais ne nous indignons pas trop, Messieurs; restons calmes. Dignes interprètes des généreux sentiments de la famille de Monge, ayons avec elle la noblesse de l'indulgence et de l'oubli. Laissons leur grandeur aux hommes de tous les partis; ne flétrissons que la petitesse, la misère des sophismes et des passions politiques, surtout la violence aveugle de leurs réactions insensées. On ne calomnie pas un homme sans valeur intellectuelle et morale, on le méprise; le médiocre, on le laisse dans l'oubli. Les partis politiques ne persécutent que les grands hommes. Monge, qui avait hérité de l'intégrité de son vertueux père, resta fidèle au malheur; il eut la gloire de tomber avec Napoléon, car tout tombe sur la scène inconstante du monde. Je me trompe, Messieurs, ce qui est périssable, c'est la vanité, l'injustice, la violence des partis, leurs positions changeantes, ces frivoles honneurs qui exaltent la vanité de l'homme au dépens de sa véritable grandeur. L'ingratitude politique a pu enlever à Monge tous ces biens de convention éphémère; mais les biens qu'il ne tenait que du Ciel et de lui-même lui sont restés impérissables, son génie et sa vertu. Quand le cratère des révolutions s'ouvre, il en sort une épaisse et noire fumée, qui semble d'abord obscurcir le soleil le plus éclatant. Mais le temps, qui consacre la gloire, dissipe ces voiles ténébreux, et, après l'épuration des siècles, le génie et la vertu montrent à la postérité le grand homme, triomphant des passions et de la violence des évènements humains, resté pur dans tout l'éclat de sa gloire immortelle.

Tel fut, Messieurs, votre illustre compatriote qui s'endormit dans la gloire le 28 juillet 1818. Pour vous le faire connaître, je ne me suis pas livré aux flatteries artificieuses d'une imagination mensongère. Je vous l'ai représenté en suivant fidèlement le témoignage impartial de la biographie et de l'histoire. Je n'ai pas tout dit, Messieurs. Les bornes qui m'étaient prescrites ne me l'ont pas permis. S'il m'était donné de faire en détail l'analyse de ses travaux scientifiques et le récit des belles actions de sa vie, vous le verriez consacrer ses généreux loisirs à des cours particuliers, soutenir et intéresser partout l'attention par une ordonnance parfaite dans ses ouvrages, par une symétrie remarquable de formules, par une netteté de calculs, par une originalité de vues qui captivait toujours et dont il semblait avoir seul le secret; vous le verriez au milieu de ses élèves toujours comme un père, un ami, un camarade, un frère, se les attachant par le noble dévouement de son cœur, autant que par le charme de son enseignement; vous le verriez, en Italie, refuser l'argent qui lui est dû, et, en Egypte, donner celui qu'il possède. A Rome, la magnificence des présents qu'on lui offre indigne la délicatesse de son honneur et de son patriotisme; il est un objet d'admiration pour le haut clergé romain. Le duc de Tarente se retire de Maëstricht sur Liége avec un corps d'armée qui n'a pas reçu de solde; Monge lui envoie des sommes pour qu'il les distribue à ses troupes. En admirant sa générosité, d'une si exquise délicatesse, vous aimeriez, unies à la sagesse et à l'intrépidité du courage, sa douce gaité, sa candide bonhomie, sa modestie simple et naturelle, son équité ombrageuse, sa fidélité incorruptible; enfin, vous pourriez apprécier plus dignement la profondeur et le dévouement de son génie, l'élévation et la bonté de son ame.

Mais je m'arrête, Messieurs. Peut-être me suis-je laissé entraîner à dépasser un peu les bornes étroites que semblait me prescrire le temps consacré par l'usage à cette solennité. Et, je l'avoue, c'est encore à regret que je m'arrache au récit de cette vie si féconde en qualités éminentes et en utiles travaux. Au collége, à Lyon, à Mézières, en Egypte, en Italie, à l'Ecole polytechnique, partout, Messieurs, nous y trouvons le même enthousiasme pour la science, la même pratique de la vertu, le même amour de la patrie et de l'humanité. Monge cultivait la science pour l'amélioration et le bonheur des hommes. Là est la haute unité de son génie et de son cœur; c'est le sentiment, la pensée bienfaisante qui résume sa vie; c'est là le véritable caractère de sa grandeur immortelle.

Maintenant, mes chers Élèves, portez ici vos regards; contemplez ces couronnes qui font battre vos jeunes cœurs. Il en est une, et la plus belle, qui rappelle à notre reconnaissance, avec le nom de Monge, une femme excellente par l'esprit et par le cœur; d'un jugement droit et sain, d'une raison supérieure, toujours simple, bonne, affectueuse, dans les revers comme au sein de la fortune et de la prospérité; toujours animée des nobles sentiments et des hautes pensées du grand homme auquel le ciel l'avait unie. Union parfaite ! Admirable sympathie de cœur et d'intelligence, qui survécut tout entière à la séparation du tombeau ! Quand elle reçut le dernier adieu de son époux, elle dit son dernier adieu au monde. Elle vécut encore plus d'un quart de siècle, heureuse de s'entretenir avec ses enfants, dans la douce intimité de son vertueux foyer, des travaux et des vertus de leur illustre père. Ainsi, mes chers Élèves, dans les pieux souvenirs de votre cœur, associez toujours à la mémoire du savant et de l'homme de bien la mémoire de cette femme bienfaisante qui fut toujours si digne de porter le nom de Monge, par la noblesse de son ame et l'élévation de son intelligence (**1**). Ce double souvenir vous réchauffera le cœur, ranimera votre courage, multipliera vos forces dans le pénible sentier de la science et de la vertu, et vous ferez dire un jour de vous, je l'espère, ce que Monge disait de ses élèves : « Ces jeunes gens sont capables de tout ce qui est beau »

(1) Monge avait épousé Mlle Huart, parente de M. Huart, recteur de l'Académie de Dijon. Elle a légué au Collége de Beaune un capital de 3,000 fr., dont les arrérages, conformément à sa volonté, sont affectés spécialement à une récompense annuelle, laquelle est décernée à l'élève qui s'est distingué le plus en mathématiques, dans tout le cours de l'année.

F. RAVAILHE.

Beaune, le 13 novembre 1849.

www.ingramcontent.com/pod-product-compliance
Lightning Source LLC
Chambersburg PA
CBHW060551050426
42451CB00011B/1856